m Dippen, Stippen...

scharf, süß-sauer oder
tisch – Abwechslung ist garan-
t bei den Dips und Salsas,
d der Spaß des gemeinsamen
ens natürlich auch!

Hier wird Fernweh wach:
Avocado schmeckt nach Mexiko,
Curry sorgt für einen Hauch
Asien. An Spanien erinnern
Mandeln und Knoblauch, bei
Salsa verde fühlt sich jeder nach
Italien versetzt. Dippen Sie mit!

DIPS+SALSAS

Salsa verde

Schmeckt frisch durch das Kräuteraroma und die säuerlichen Kapern.

Spezialität aus Italien

Zutaten für 4 Personen:
2 Eier
3 Bund glatte Petersilie
4 eingelegte Sardellenfilets
1 Knoblauchzehe
1 Eßl. Olivenöl, kaltgepreßt
4 Eßl. kleine Kapern
200 g saure Sahne
2 Eßl. Salatcreme
2-3 Teel. Weißweinessig
Salz
weißer Pfeffer

• Zubereitungszeit: 25 Minuten

Pro Person etwa: 840 kJ/200 kcal

Die Eier in 10 Minuten hart kochen, kalt abschrecken, schälen und halbieren. Das Eigelb herauslösen.

Die Petersilie waschen. Die Blättchen – bis auf ein paar zum Garnieren – abzupfen und grob hacken. Die Sardellen unter fließendem Wasser kurz abspülen und trockentupfen, den Knoblauch schälen. Beides grob zerschneiden.

Eigelb, Petersilie, Sardellenfilets, Knoblauch, Öl und 2 Eßlöffel Kapern mit dem Pürierstab oder im Mixer pürieren.

Das Püree mit saurer Sahne und Salatcreme gründlich verrühren. Mit Essig, Salz und Pfeffer kräftig abschmecken und die restlichen Kapern unterziehen. Die Salsa verde mit den übrigen Petersilienblättchen garnieren.

Besonders lecker zu Roastbeef-Aufschnitt oder anderen kalten Braten, gebackenen Garnelen, Ofenkartoffeln oder fritierten Kartoffeln; auch raffiniert zu wachsweich gekochten Eiern.

Wer mag, kann das **Eiweiß** fein **hacken** und mit unter die Salsa ziehen.

Rucola-Salsa

Eine edle Variante des klassischen Pesto.

Für Gäste

Zutaten für 4 Personen:
1 kleine unbehandelte Orange
150 g Rucola (1–2 Bund)
1/2 Bund Basilikum
75 g Pecorino oder Parmesan am Stück
50 g ungesalzene Pistazienkerne
6 Eßl. Olivenöl, kaltgepreßt
1 Stück Zucchino (etwa 50 g)
Salz
Pfeffer

• Zubereitungszeit: 25 Minuten

Pro Person etwa: 1050 kJ/250 kcal

So können Sie die Salsa abwandeln:
Statt Rucola und Basilikum 2 Bund
gemischte Kräuter verwenden und die
Pistazien gegen **Sonnenblumenkerne**
oder **Mandeln** austauschen.

1

Die Orange heiß abspülen und ab-
trocken. Etwa einen Teelöffel Schale
fein abreiben. Die Orange halbieren,
eine Scheibe abschneiden und beiseite
legen. Die Orangenhälften auspressen.

2

Den Rucola verlesen, dabei grobe Stiele
entfernen, waschen, trockenschütteln
und grob zerschneiden. Das Basilikum
vorsichtig waschen und die Blätter von
den Stengeln zupfen. Den Käse grob
würfeln.

3

Rucola, Basilikum, Käse, Pistazien, abge-
riebene Orangenschale und Olivenöl im
Mixer oder im Blitzhacker fein pürieren.
In eine Schüssel umfüllen.

4

Zucchino waschen, ungeschält in möglichst kleine Würfel schneiden und
unter die Salsa mischen. Soviel Oran-
gensaft unterrühren, daß eine cremige
Konsistenz entsteht. Mit Salz und Pfeffer abschmecken. Die Orangenscheibe
halbieren oder vierteln und die Salsa
damit garnieren.

Raffiniert zu gebratenen Garnelen,
rohem und knackig gedünstetem Gemüse und zu Ofenkartoffeln. Schmeckt
auch gut zu Spaghetti.

Gurken-Paprika-Dip

Wirkt belebend und erfrischend zu scharf Gewürztem.

Schmeckt nur ganz frisch

Zutaten für 4 Personen:
5 Eßl. Limettensaft (ersatzweise Obstessig)
2 Eßl. brauner Zucker
1 Eßl. Fischsauce (ersatzweise helle Sojasauce)
1/2 Teel. Salz
1/2 Salatgurke
2 kleine rote Zwiebeln
1 kleine gelbe oder orangefarbene Paprikaschote
1–2 frische, kleine rote Chilischoten
2 Eßl. geröstete, ungesalzene Erdnüsse
3 Stengel Koriandergrün (aus dem Asienladen; ersatzweise Petersilie)

• Zubereitungszeit: 20 Minuten

Pro Person etwa: 420 kJ/100 kcal

1

In einem kleinen Topf den Limettensaft mit 1/8 l Wasser, Zucker, Fischsauce und Salz zum Kochen bringen. Den Sud zugedeckt bei mittlerer Hitze 10 Minuten köcheln, dann abkühlen lassen.

2

Inzwischen die Salatgurke waschen, abtrocknen und ungeschält in dünne Scheiben schneiden, diese nochmals vierteln. Zwiebeln schälen, halbieren und in hauchfeine Halbringe schneiden. Paprikaschote vierteln, Stielansatz und Kerne entfernen. Die Viertel waschen und sehr fein würfeln.

3

Die Chilischoten waschen, längs aufschlitzen, entkernen und sehr fein hacken (Seite 18). Die Erdnüsse grob hacken.

4

Den abgekühlten Sud über die vorbereiteten Zutaten gießen und alles gründlich vermengen. Vor dem Servieren den Koriander waschen, die Blättchen grob zerzupfen und über den Dip streuen.

Unbedingt probieren zu Saté-Spießen, scharf gewürzten Hackfleischbällchen oder Geflügelsnacks.

Falls Sie keine frischen roten Chilischoten bekommen: Verwenden Sie stattdessen ein etwa 4 cm langes Stück rote oder grüne **Peperoni**.

Thunfisch-Dip

Schmeckt leicht gekühlt, aber nicht direkt aus dem Kühlschrank, am besten.

Preiswert

Zutaten für 4 Personen:
1 Dose Thunfisch in Öl (185 g Inhalt)
100 g Crème fraîche
100 g Frischkäse
1/2 Bund Schnittlauch
1/2 Bund Dill
1 Limette (ersatzweise Zitrone)
1 Prise Zucker
Salz
weißer Pfeffer

• Zubereitungszeit: 25 Minuten

Pro Person etwa: 1170 kJ/280 kcal

1

Den Thunfisch in ein Sieb geben und abtropfen lassen, anschließend mit zwei Gabeln grob zerplücken. Thunfisch und Crème fraîche mit dem Pürierstab oder im Mixer fein pürieren.

2

Den Frischkäse mit dem Schneebesen unter die Thunfischmasse rühren. Schnittlauch und Dill waschen und trockenschütteln. Die Dillspitzen von den Stielen zupfen und – bis auf ein paar zum Garnieren – fein hacken. Den Schnittlauch in feine Röllchen schneiden. Die Limette halbieren, den Saft auspressen.

3

Die Kräuter unter den Thunfisch-Dip rühren, mit Limettensaft, Zucker, Salz und Pfeffer abschmecken und mit den restlichen Dillspitzen garnieren.

Raffiniert zum Dippen für Spargel, Zucchini- oder Möhrenstangen und Grissini. Auch fein zu Ofenkartoffeln und zu gedünstetem grünem Gemüse wie Broccoli, Lauch oder grüne Bohnen.

Probieren Sie einmal folgende **Variante:** Unter den fertigen Dip noch 1 Eßlöffel feingehackte **Kapern** mischen. Oder den Dip mit 200 g **Räucherfisch** (Forelle, Makrele, Heilbutt) zubereiten. Vom Fisch vor dem Pürieren Haut und Gräten entfernen.

Mandel-Knoblauch-Dip

Sollten Sie statt mit Spinat auch einmal mit Petersilie probieren.

Raffiniert

Zutaten für 4 Personen:
1 Handvoll Spinatblätter (etwa 50 g)
Salz
2-3 Knoblauchzehen
100 g geschälte Mandeln
2–3 Eßl. Basilikumöl (ersatzweise Olivenöl)
6 Eßl. Gemüsebrühe
Salz
weißer Pfeffer
2-3 Eßl. Zitronensaft

• Zubereitungszeit: 25 Minuten

Pro Person etwa: 540 kJ/130 kcal

Das Mandelaroma kommt noch besser zur Geltung, wenn Sie **ungeschälte Mandeln** kaufen, da ihre dünne braune Haut Frische und Aroma schützt. Die Mandeln kurz in kochendes Wasser geben, kalt abschrecken und die Kerne aus der weichen Haut drücken.

1

Den Spinat verlesen, gründlich waschen und die Stiele abschneiden. Die Blätter 1/2 Minute in kochendes Salzwasser geben, zusammenfallen lassen, abgiessen und kalt abschrecken. Den Spinat abtropfen lassen, gut ausdrücken und grob hacken. Den Knoblauch schälen.

2

2 Eßlöffel Mandeln grob hacken und in einer Pfanne ohne Fett goldgelb rösten. Die restlichen Mandeln mit Knoblauch, Spinat, Basilikumöl und 3 Eßlöffeln Brühe im Mixer oder Blitzhacker fein pürieren. Das Püree in eine Schüssel umfüllen.

3

Soviel von der übrigen Brühe unterrühren, daß ein sämiger Dip entsteht. Mit Salz, Pfeffer und Zitronensaft abschmecken und mit den gerösteten Mandeln bestreuen.

Harmoniert gut mit Mini-Frikadellen, gebratenen Hähnchenkeulen und rohem Gemüse wie Möhren, Staudensellerie, Zucchini, Paprika und Gurke.

Meerrettich-Apfel-Dip

Die Schärfe des Meerrettichs harmoniert mit der frischen Süße des Apfels.

Gelingt leicht

Zutaten für 4 Personen:
1 unbehandelte Zitrone
1 säuerlicher Apfel (z.B. Cox Orange, Boskop)
1 kleine Möhre
500 g Quark (40 %)
1 Eßl. Meerrettich (aus dem Glas)
Salz
weißer Pfeffer
ein paar Kräuterblättchen zum Garnieren (z.B. Petersilie, Zitronenmelisse, Estragon)

• Zubereitungszeit: 20 Minuten

Pro Person etwa: 920 kJ/220 kcal

Sie können für den Dip natürlich auch **frischen Meerrettich** verwenden: Dafür ein etwa 5 cm langes Stück schälen und auf einer Gemüsereibe fein reiben. In etwas Zitronensaft wenden und unter die Quarkmasse ziehen.

1

Die Zitrone heiß abspülen, abtrocknen und etwa von einer Hälfte die Schale fein abreiben. Die Zitrone halbieren und den Saft auspressen.

2

Apfel und Möhre schälen. Die Möhre auf einer Gemüsereibe fein reiben. Den Apfel vierteln, entkernen und grob raffeln. Beides mischen und sofort mit 3 Eßlöffeln Zitronensaft vermengen, damit keine Braunfärbung entsteht.

3

Quark mit Meerrettich glatt und cremig rühren. Falls nötig 1–2 Eßlöffel Wasser unterrühren. Apfel- und Möhrenraspel – bis auf 1 Eßlöffel zum Garnieren – untermischen. Den Dip mit Salz, Pfeffer und eventuell mit dem übrigen Zitronensaft abschmecken.

4

Den Merrettich-Dip bis zum Servieren zugedeckt kalt stellen. Mit den übrigen Apfel- und Möhrenraspeln und den Kräuterblättchen garnieren.

Zu gebratenem oder gegrilltem Fleisch und Fisch servieren. Schmeckt auch gut zu Räucherlachs und zu Fleischfondue.

Ziegenkäse-Dip mit Oliven

Wird noch würziger, wenn die Oliven in Öl und Kräutern eingelegt waren.

Etwas teurer

Zutaten für 4 Personen:
1/2 Bund Basilikum
1 Knoblauchzehe
250 g cremiger Ziegenfrischkäse
125 g Quark (40 %)
2 Eßl. Olivenöl, kaltgepreßt
3–4 Eßl. Zitronensaft
50 g schwarze Oliven
Salz
Pfeffer

• Zubereitungszeit: 20 Minuten

Pro Person etwa: 1460 kJ/350 kcal

Die **Kräuter** können Sie auch **variieren**: Statt Basilikum die Blättchen von je 2–3 Stengeln Pfefferminze und Zitronenmelisse in den Dip rühren.
Wer keinen Ziegenkäse mag, kann **Frischkäse** aus Kuhmilch oder auch **Blauschimmelkäse** verwenden.

1

Das Basilikum vorsichtig waschen. Die Blätter – bis auf ein paar schöne zum Garnieren – abzupfen und in sehr feine Streifen schneiden. Den Knoblauch schälen.

2

In einer Schüssel Ziegenfrischkäse, Quark, Olivenöl und 3 Eßlöffel Zitronensaft mit einem Schneebesen glatt und cremig rühren. Falls nötig, noch 2–3 Eßlöffel Wasser zufügen.

3

Den Knoblauch durch eine Presse dazudrücken, mit den Basilikumstreifen unter die Creme mischen. Die Oliven entsteinen – das geht besonders leicht mit einem Kirschentkerner – und fein hacken. Unter den Dip mischen.

4

Den Ziegenkäse-Dip mit Salz, Pfeffer und nach Belieben mit dem restlichen Zitronensaft abschmecken und mit den Basilikumblättchen garnieren.

Schmeckt mit Gemüsestiften von Staudensellerie, Möhren und Paprika. Auch gut zu kleinen Pellkartoffeln, Hackfleischbällchen oder zu Grissini, den knusprigen italienischen Brotstangen.

Ingwer vorbereiten

1 Ingwer mit einem Messer schälen, dabei eventuell holzige Stellen entfernen. Schalenreste mit der Messerspitze ausstechen.

2 Ingwer zuerst in sehr dünne Scheiben, dann in feine Streifen und falls nötig, noch in möglichst kleine Würfel schneiden.

Chilischoten vorbereiten

1 Chillies waschen und vom Stielansatz befreien, eventuell entkernen. Dazu die Schoten mit der Messerspitze längs aufschlitzen und Kerne und Trennwände herauskratzen.

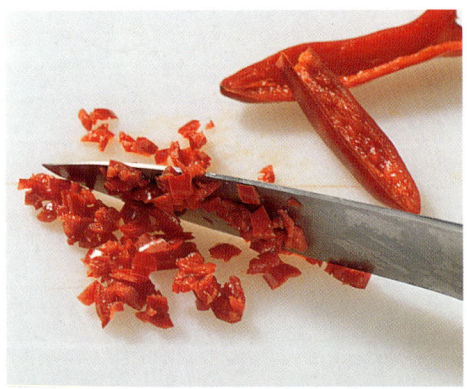

2 Anschließend hauchdünn schneiden. Danach sofort gründlich die Hände waschen oder gleich mit Küchenhandschuhen arbeiten.

Zitronengras schneiden

1 Lose und trockene Hüllblätter entfernen. Die Zitronengrasstengel kurz waschen und trockentupfen.

2 Nur den unteren verdickten und weichen Teil (ist etwa ein Drittel) in hauchfeine Ringe schneiden. Eventuell noch fein würfeln.

Papaya vorbereiten

1 Die Frucht mit einem Sparschäler oder einem scharfen Messer schälen, dann der Länge nach halbieren.

2 Die dunklen Kerne mit einem Löffel behutsam herauslösen. Das Fruchtfleisch zuerst in feine Streifen, dann in kleine Würfel schneiden.

Guacamole

Ohne diesen Avocado-Dip wäre die mexikanische Küche undenkbar.

Schmeckt nur ganz frisch

Zutaten für 4 Personen:
2 mittelgroße Fleischtomaten
1 kleine Zwiebel
2 Jalapeño-Chilischoten (aus der Dose)
oder 2 kleine, frische grüne Chilischoten
6 Stengel Koriandergrün (aus dem
Asienladen; ersatzweise Petersilie)
2 reife Avocados
3–4 Eßl. Limettensaft (ersatzweise Zitronensaft)
Salz • Pfeffer

• Zubereitungszeit: 30 Minuten

Pro Person etwa: 670 kJ/160 kcal

Möglichst **reife Avocados** kaufen, denn nur dann haben sie das typische Aroma. Eine Frucht ist reif, wenn das Fruchtfleisch schon bei leichtem Fingerdruck nachgibt. Unreife Avocados in Zeitungspapier wickeln und bei Zimmertemperatur 2–4 Tage nachreifen lassen.
Als **Variante** 1/2 kleinen Zucchino grob raffeln oder fein würfeln und unter die Guacamole heben.

1

Die Tomaten kurz in kochendes Wasser tauchen, abschrecken, häuten und quer halbieren. Stielansätze und Kerne entfernen. Das Fruchtfleisch klein würfeln.

2

Die Zwiebel schälen und sehr fein hakken. Die Chilischoten längs halbieren, entkernen und sehr fein würfeln (Seite 18). Den Koriander waschen, die Blättchen abzupfen und – bis auf ein paar zum Garnieren – fein hacken.

3

Die Avocados längs halbieren, die Steine entfernen. Das Fruchtfleisch mit einem Löffel aus den Hälften lösen und sofort mit 3 Eßlöffeln Limettensaft fein zerdrücken.

4

Tomaten, Zwiebel, Chilischoten und Koriander unter das Avocadomus mischen. Mit Salz, Pfeffer und dem restlichen Limettensaft abschmecken. Den Dip vor dem Servieren mit Korianderblättchen garnieren.

Starke Kombination mit Tortilla-Chips, gebratenen Tortillastückchen, Chicoréeblättern und knackig gegartem Gemüse, beispielsweise Blumenkohl.

Texicana Salsa

Ein typischer und beliebter Dip aus der Tex-Mex-Küche.

Scharf

Zutaten für 4 Personen:
500 g Fleischtomaten
1 kleine Zwiebel
1-2 Knoblauchzehen
1 rote Paprikaschote
2 Jalapeño-Chilischoten (aus der Dose)
oder 2 kleine, frische grüne Chilischoten
2 Eßl. Tomatenmark
50 ml Gemüsebrühe
1/2 Bund Petersilie
1 Prise Zucker
Salz
Pfeffer

• Zubereitungszeit: 30 Minuten
• Kühlzeit: 30 Minuten

Pro Person etwa: 290 kJ/70 kcal

Wer es **nicht so scharf** mag, kann aus einer oder aus beiden Chilischoten die Kerne entfernen (Seite 18).

Die Tomaten kurz in kochendes Wasser tauchen, abschrecken, häuten und quer halbieren. Stielansätze und Kerne entfernen. Das Fruchtfleisch grob hacken. Zwiebel und Knoblauch schälen und klein würfeln.

Die Paprikaschote mit dem Sparschäler schälen und halbieren. Stielansatz und Kerne entfernen. Die Hälften in kleine Würfel schneiden. Chilischoten aus der Dose klein würfeln oder die frischen putzen und quer in feine Streifen schneiden (Seite 18).

Tomaten, Zwiebel, Knoblauch, Chillies und Paprika in einen breiten Topf füllen. Tomatenmark und Brühe unterrühren. Alles aufkochen und offen bei schwacher Hitze in 10–15 Minuten dicklich einköcheln lassen. Dabei ab und zu umrühren.

Inzwischen die Petersilie waschen, die Blättchen von den Stielen zupfen und fein hacken. Die Salsa mit Zucker, Salz und Pfeffer abschmecken. Die Petersilie unterziehen. Salsa vor dem Servieren 30 Minuten kühl stellen.

Ideal zu Tortilla-Chips, Pommes frites, Gemüse- oder Fleischspießen, Steaks und Geflügelsnacks.

Erdnuß-Dip

Zitronengras und Garnelenpaste sorgen für die besondere Raffinesse.

Fernöstlich

Zutaten für 4 Personen:
2 Schalotten
2 Knoblauchzehen
1 Stück frischer Ingwer (walnußgroß)
2 Stengel Zitronengras
2 getrocknete Chilischoten
110 g geröstete, ungesalzene Erdnüsse
1/2 Teel. Koriandersamen
1/2 Teel. Kreuzkümmelsamen
1/2 Teel. Currypulver
1 Teel. Palmzucker (ersatzweise brauner Zucker)
1/2 Teel. Garnelenpaste
2 Eßl. Fischsauce (ersatzweise helle Sojasauce)
2 Eßl. Öl
200 ml ungesüßte Kokosmilch (aus der Dose)
Salz • 2–3 Eßl. Zitronensaft
1 Frühlingszwiebel

• Zubereitungszeit: 30 Minuten

Pro Person etwa: 1510 kJ/360 kcal

Zitronengras, getrocknete Chilischoten, Palmzucker, Garnelenpaste, Fischsauce und Kokosmilch gibt's in **Asienläden**.

1

Schalotten, Knoblauch und Ingwer schälen und grob hacken (Seite 18). Vom Zitronengras lose Hüllblätter entfernen, den unteren verdickten Teil in hauchfeine Ringe schneiden (Seite 19). Die Chilischoten zerbröseln, dabei die Kerne entfernen.

2

Alle vorbereiteten Zutaten, 100 g Erdnüsse, Gewürze, Zucker, Garnelenpaste, Fischsauce und 2 Eßlöffel Wasser im Mixer oder Blitzhacker pürieren oder in einem Mörser zu einer feinen Paste zerstoßen.

3

In einem Topf das Öl erhitzen. Die Paste darin kurz andünsten, mit der Kokosmilch ablöschen. Aufkochen lassen und ohne Deckel bei schwacher Hitze unter Rühren in 5–7 Minuten dicklich einkochen lassen.

4

Den Erdnuß-Dip mit Salz und Zitronensaft abschmecken, abkühlen lassen. Die Frühlingszwiebel waschen, putzen und schräg in hauchdünne Scheiben schneiden. Die restlichen Erdnüsse grob hacken. Den Dip mit Zwiebel und Erdnüssen garnieren.

Unbedingt probieren zu Saté- oder anderen Fleischspießchen, zu Fleischfondue oder auch zu gedämpftem und gegrilltem Gemüse.

Salsa Karibik

Ganz typisch mit Limettensaft – und
einem kleinen Schuß Rum.

Exotisch

Zutaten für 4 Personen:
1 kleine Zwiebel
1 kleine rote Paprikaschote
5 Eßl. Sonnenblumenöl
2 ganz frische Eigelbe
1 Teel. mittelscharfer Senf
Salz
1 Msp. Zucker
1–2 Eßl. Limettensaft (ersatzweise Zitronensaft)
2 Eßl. Tomatenketchup
2 Eßl. Rum
Cayennepfeffer
1/2 dünner Stengel Staudensellerie

• Zubereitungszeit: 35 Minuten

Pro Person etwa: 630 kJ/150 kcal

Bei der **Zubereitung** ist wichtig, daß alle
Zutaten für die **Eigelbcreme** dieselbe
Temperatur, am besten Zimmertemperatur, haben. Sonst könnte die Creme
gerinnen.

1

Die Zwiebel schälen und grob hacken.
Die Paprikaschote mit dem Sparschäler
schälen und vierteln. Stielansatz und
Kerne entfernen, die Viertel in Streifen
schneiden.

2

In einer Pfanne 1 Eßlöffel Öl erhitzen,
Zwiebel und Paprika darin 3 Minuten
andünsten, anschließend fein pürieren
und abkühlen lassen.

3

Inzwischen die Eigelbe mit Senf und
1 Prise Salz verrühren. Löffelweise nach
und nach die restlichen 4 Eßlöffel Öl
unterschlagen. Eigelbcreme mit Zucker
und 1 Eßlöffel Limettensaft würzen.

4

Das Gemüsepüree unter die Eigelbcreme heben. Tomatenketchup und Rum
unterrühren. Den Dip mit Salz, Cayennepfeffer und eventuell restlichem Limettensaft abschmecken.

5

Den Staudensellerie waschen, etwas
vom zarten Grün beiseite legen. Sellerie
in kleine Würfel oder dünne Scheiben
schneiden, locker unter den Dip ziehen.
Mit Selleriegrün garnieren.

Paßt zu gebratenem Fisch, gegrilltem
Fleisch, als Dip für Kartoffelchips, Krabbenbrot (Kroepoek), asiatische Cracker
oder rohe Gemüsestückchen.

Curry-Gemüse-Dip

Schmeckt mild-aromatisch mit Madras-Curry, kräftiger mit Bombay-Curry.

Preiswert

Zutaten für 4 Personen:
1 Zwiebel
1 Bund Suppengrün
5 Stengel Petersilie
3 Eßl. geschälte Sesamsamen
2 Eßl. Öl
2 Teel. Currypulver
250 g Quark (20 %)
125 g Schmand (stichfester Sauer-rahm, 24 %)
2 Eßl. Milch
Salz
weißer Pfeffer

• Zubereitungszeit: 20 Minuten

Pro Person etwa: 1930 kJ/460 kcal

Der Dip läßt sich auch mit nur einer Gemüsesorte zubereiten. Gut eignen sich klein gewürfelte **Möhren, Stangen-sellerie, Lauch** sowie grüne, gelbe oder rote **Paprikaschoten**.

1

Die Zwiebel schälen und fein hacken. Das Suppengrün putzen, waschen und in kleine Würfel schneiden. Die Petersi-lie waschen, nach Belieben ein paar Blättchen zum Garnieren beiseite legen, die restlichen fein hacken.

2

Die Sesamsamen in einer Pfanne ohne Fett unter Rühren goldgelb werden las-sen. Aus der Pfanne nehmen und beisei-te stellen.

3

Das Öl in der Pfanne erhitzen. Zwiebel und Suppengrün darin bei mittlerer Hitze 1 Minute andünsten. Currypulver darüber streuen und leicht anschwitzen. Dann mit 3 Eßlöffeln Wasser ablöschen und noch 2 Minuten weiterdünsten; ab-kühlen lassen.

4

Die Gemüse-Curry-Mischung mit Quark, Schmand und Milch verrühren, sodaß der Dip eine glatte und cremige Konsi-stenz bekommt. Die Hälfte der Sesamsa-men und die Petersilie unterrühren. Mit Salz und Pfeffer abschmecken.

5

Vor dem Servieren den Curry-Gemüse-Dip mit den restlichen Sesamsamen und den Petersilienblättchen garnieren.

Fein zu Hackbällchen, gegrillten Hähn-chenkeulen, Lammkoteletts, auch zu Mango-, Melonen- und Papayaspalten.

Süß-saurer Pflaumen-Dip

Ein Gaumenkitzel für alle Freunde der asiatischen Küche.

Braucht etwas Zeit

Zutaten für 4 Personen:
300 g reife gelbe oder blaue Pflaumen
1 Stück frischer Ingwer (etwa 1 cm)
1–2 Knoblauchzehen
2 Eßl. Palmzucker (ersatzweise brauner Zucker)
2 frische, kleine rote Chilischoten
1/2 Teel. Garnelenpaste
1-2 Eßl. Fischsauce (ersatzweise helle Sojasauce)
1-2 Eßl. Weißweinessig
Salz
Zucker

• Zubereitungszeit: 50 Minuten
• Kühlzeit: 30 Minuten

Pro Person etwa: 840 kJ/200 kcal

Palmzucker, Garnelenpaste und Fischsauce gibt es im **Asienladen.**
Als Vorrat den Pflaumendip kochendheiß in ein oder zwei Gläser mit Schraubverschluß füllen und fest verschließen. So hält er sich an einem kühlen Ort 2–3 Monate.

1

Die Pflaumen waschen, halbieren, entsteinen und grob hacken. Den Ingwer schälen und fein würfeln (Seite 18). Die Knoblauchzehen ebenfalls schälen und fein würfeln.

2

In einem Topf den Zucker mit 50 ml Wasser aufkochen lassen. Pflaumen, Ingwer und Knoblauch untermischen und alles zugedeckt bei mittlerer Hitze unter gelegentlichem Rühren 30 Minuten köcheln lassen, bis die Pflaumen zerfallen sind. Anschließend im Mixer oder mit dem Pürierstab pürieren und durch ein Sieb streichen.

3

Die Chilischoten waschen und längs halbieren. Die Kerne entfernen und die Schoten in sehr feine Streifen schneiden (Seite 18). Chilischoten, Garnelenpaste und Fischsauce unter den Dip rühren.

4

Den Pflaumendip abkühlen lassen und mit Essig, Salz und Zucker süß-sauer abschmecken.

Schmeckt besonders gut zu gebratenen Garnelen, zu Frühlingsrollen, knusprigen Rippchen und gebratenem Entenbrustfilet.

Papaya-Paprika-Dip

Eine fruchtig-pikante Mischung mit leichter Schärfe.

Exotisch

Zutaten für 4 Personen:
je 1 kleine gelbe und grüne Paprikaschote (je etwa 150 g)
1 kleine, frische rote Chilischote
1 Schalotte
1/2 Bund Schnittlauch
1 reife Papaya (etwa 500 g)
5 Eßl. Sonnenblumenöl
2-3 Eßl. milder Weißweinessig
1 Eßl. Aceto Balsamico (Balsamessig)
2 Msp. Zucker
Salz
weißer Pfeffer

• Zubereitungszeit: 25 Minuten
• Kühlzeit: 10 Minuten

Pro Person etwa: 500 kJ/120 kcal

1

Die Paprikaschoten mit dem Sparschäler schälen und vierteln. Stielansätze und Kerne entfernen, die Paprikaviertel in kleine Würfel schneiden. Die Chilischote waschen und längs halbieren. Kerne und Trennwände entfernen und die Schote in hauchzarte Streifen schneiden (Seite 18).

2

Die Schalotte schälen und klein hacken. Den Schnittlauch waschen und in feine Röllchen schneiden. Die Papaya schälen, halbieren und entkernen. Eine Hälfte in kleine Würfel schneiden (Seite 19), die andere im Mixer oder mit dem Pürier-stab pürieren.

3

In einer Pfanne 2 Eßlöffel Öl erhitzen. Schalotte und Chilischote darin kurz an-dünsten. Paprikawürfel untermischen und in 2–3 Minuten bißfest dünsten. Alles in eine Schüssel umfüllen, pürierte und gewürfelte Papaya untermischen.

4

Restliches Öl, beide Essigsorten, Zucker, etwas Salz und Pfeffer kräftig miteinan-der verrühren und unter die vorbereite-ten Zutaten mischen.

5

Den Dip etwa 10 Minuten zugedeckt in den Kühlschrank stellen. Mit Salz und Pfeffer abschmecken und den Schnitt-lauch unterheben.

Paßt zu Hackfleischbällchen, Fleisch-spießen, knusprig ausgebackenen Fisch-stückchen, Frühlingsrollen und auch zu Fleischfondue.

Redaktion: Katharina Lisson

Lektorat: Dagmar Gaier

Grafik: Studio Greif

Farbfotos. Studio Teubner

Herstellung: Verena Römer

Satz: Computersatz Wirth

Reproduktionen: Fotolito Longo

Druck und Bindung: Alcione

ISBN: 3-7742-1535-9

Auflage:	5.	4.	3.	2.	1.
Jahr:	2002	2001	2000	99	98